# 50 herzliche Gedichte

## über Liebe, Freundschaft, Hoffnung

Herausgegeben von **Jakob Welik**

und **Barbara Ohl**

© 2017 Jakob Welik
**Erste Auflage**
**Umschlaggestaltung:** Jakob Welik
**Illustration:** Holger Hertwig
**Buch Illustrationen:** Vanessa Baumann
**Korrektorat:** Janine Weyer
**Gedichte** *von* Andrea Krecklow, Anna Jürgens, Barbara Ohl, Claudia Döhler, Gaby Michels, H. Götze-W., Holger Hertwig, Jonas Heinbockel, Laura Bauer, Marina Sandmeier, Markus Fels, Niko Soso, Renate Wollschläger, Rita Hess, Sarah Zareth, Shanice Perret, Alexis Poesie, Ulrike Ritter, Walter Zeis.
**Herausgeber:** Jakob Welik, Bremen
**Herausgeberin:** Barbara Ohl, Kaiserslautern

**ISBN Taschenbuch:** 978-3-7460-1174-5

Bibliografische Information der Deutschen Nationalbibliothek:
Die Deutsche Nationalbibliothek verzeichnet diese Publikation in der Deutschen Nationalbibliografie; detaillierte bibliografische Daten sind im Internet über http://dnb.d-nb.de abrufbar.

Herstellung und Verlag: BoD - Books on Demand, Norderstedt

# Vorwort

Es gibt viel, was ich im Leben erzählen kann, könnte und oft möchte. Manchmal dauert es eine Weile, bis die richtigen Worte dafür gefunden sind. Oft reicht nur ein Moment, ein Augenblick oder eine Geste, um ohne Worte alles sagen zu können. Unsere Autorinnen und Autoren erzählen in diesem Buch mit wenigen Zeilen ganze Lebensgeschichten über Liebe, Freundschaft und Hoffnung.

Als Erstes möchte ich mich bei Barbara Ohl für die herzliche und freundschaftliche Zusammenarbeit bedanken. Nach meiner Anfrage schien sie überzeugt, an einem Buch zu arbeiten, in dem nicht nur ein Autor erzählt, sondern ganze Erdteile miteinander verschwimmen und eins werden.

Barbara Ohl ist Autorin aus Leidenschaft und ihre Gedichte bereichern den Alltag. Mein großer Dank geht an alle Autoren, die ich lange auf das Ergebnis warten ließ, ob ihre Werke nun im Buch erscheinen oder nicht.

In alphabetischer Reihenfolge: *Andrea Krecklow, Anna Jürgens, Barbara Ohl, Claudia Döhler, Gaby Michels, H. Götze-W., Holger Hertwig, Jonas Heinbockel, Laura Bauer, Marina Sandmeier, Markus Fels, Niko Soso, Renate Wollschläger, Rita Hess, Sarah Zareth, Shanice Perret, Alexis Poesie, Ulrike Ritter, Walter Zeis.* Ihr alle habt es geschafft.

Ich wurde oft gefragt: Warum so kurze Gedichte? Weil mit wenigen Worten alles gesagt werden kann. Das Herz braucht nur ein Wort, um den Körper in Einklang zu bringen.

Neben dem gedruckten Buch erscheint eine kostenlose Hörbuchversion für alle, die sich gerne unterwegs vom gesprochenen Wort verzaubern lassen. An dieser Stelle möchte ich den Sprechern Bernd Egger, Friederike von Frajer, Maria

Kunzke, Sarah Niklowitz, Sebastian Römer und Stefan Bergmann für ihre Zeit und die herzliche Zusammenarbeit danken.

Ein großes Dankeschön geht auch an Vanessa Baumann für die Illustrationen und den Autor und Maler Holger Hertwig für das Bereitstellen eines seiner Bilder für den Titelumschlag.

Herzlichen Dank an Janine Weyer für das kurzfristige und ordentliche Korrektorat. Bleib wie du bist! =)

Viel Freude beim Lesen!

**Jakob Welik**
**Bremen, 2017**


In dieser Anthologie finden Sie fünfzig kleine Gedichte von Künstlern, die alle eines gemeinsam haben: Die Liebe zum Schreiben und zur Sprache. Die gesammelten Werke drehen sich alle um drei Themen: Liebe, Freundschaft und Hoffnung, die man zwar nicht sehen, aber mit den schönsten Worten beschreiben und zeigen kann. So entstanden Gedichte, reif und süß wie Feuer und Wein, aber auch prosaisch und objektiv. Die Texte sind sehr vielfältig und lassen dem Leser Raum. Was gibt es Schöneres, als seiner eigenen Fantasie freien Lauf zu lassen und wie wundervoll ist es, diese Gedichte einem geliebten Menschen zu schenken.

**Barbara Ohl**
**Kaiserslautern, 2017**

# Gedichte über Liebe

**von Anna Jürgens**

Wenn du deine Arme öffnest
und ich mich anschmiegen darf
das ist Geborgenheit pur.
Wärme, der Geruch deines Körpers.
Einen Moment steht die Zeit still
alles ist gut, wird gut
dein Blick so fragend zärtlich
ist Liebe, bedingungslose Liebe.

**von Sarah Zareth**

**Glücksschulden**

Etwas in sich merken, es
*sich verlieben* nennen.
Vergnügte Menschen sehen.
Und Vögel.
Die vorbeiziehende
Landschaft anlächeln:
*Glücksschulden machen.*

von Sarah Zareth

**Dich sehen.**

Du. Ein anderer: eigenartig.
Scheine mich zu sehen
und dabei nicht zu kennen.
Dich sehen, einkapseln. Dich
mir ähnlicher finden als mich
und doch ein anderes
Bewusstsein erahnen.

von Renate Wollschläger

**Fenster**

Es ist nicht leicht, hindurchzuschauen.
Die Scheibe ist dick mit Staub bedeckt
lange wurde es nicht geöffnet.
Spinnweben haben sich breitgemacht.
Mit den Augen der Liebe kann ich ihn sehen
diesen warmen, wunderschönen Ort.
Durch das Fenster zu Deinem Herzen.

**von H. Götze-W.**

**Liebe**

Liebe trägt man im Herzen
sie bereitet auch Schmerzen.
Liebe ist für arm und reich
kann dauern eine Ewigkeit.
Liebe ist für alle da
sie ist uns ganz nah.
Liebe erhellt das Leben
wer kann, soll Liebe geben.

**von Gaby Michels**

Getragen durch den Abend
durch sanfte leise Nächte fühle ich mich.
Du trägst mich durch Grauen des Schmerzes
der Trauer dem Licht entgegen.
Ich trage Dich aus Deiner Finsternis
durch Dunkelheit dem Bunt des
anbrechenden Morgens zu
trage Dich durch unser Leben überall hin
weil ich Dich liebe …

**von Gaby Michels**

Das Bäumchen, das ich bewunderte –
die Sonne ließ seine Äste
in rötlichem Gold erstrahlen –
streckt mir zitternd vor Kälte
seine nackten Ärmchen entgegen.
Ich umarme es
fühle mein Ebenbild.

**von Gaby Michels**

Du nanntest es Liebe
ich seh Dir nicht nach
schau ins Leere.
Der Mond streichelt sanft mir die Haut
berührt beruhigt das aufgebrachte Herz.
Geh, komm nie wieder mir nah.

von Holger Hertwig

## Am Fenster

Im Licht der Laternen
blicke ich zum Fenster
erwartungslos.
Es ist viel zu früh
Und eben noch lagst du neben mir
in tiefem Schlaf.
Da erblicke ich dein Gesicht
deine winkende Hand.

von Holger Hertwig

## Wir müssen gehen

Wir müssen gehen
wir müssen
jeder seines Weges.
Obgleich du fehlen wirst
nach all den Jahren,
die im Herzen bleiben
wie ein Fels
in des Lebens tosender Brandung.

**von Holger Hertwig**

**Unsere Straße**

Unsere Straße
die wir so oft gegangen.
Einige Häuser lächeln vertraut
als erinnerten sie sich.
Jahre ist das her
und fast alles wie damals
nur du fehlst, fehlst so sehr.

**von Ulrike Ritter**

**Leuchtendes Herz**

Manchmal sprechen Menschen
dieselbe Sprache
und jeder darf
für einen Augenblick
das Herz des anderen
zum Leuchten bringen.

**von Ulrike Ritter**

**Magie der Liebe**

Die Anziehungskraft der Elemente
und manchmal
ein einziger Blick
mögen es vollbringen
zwei Menschen zusammenzuführen
und die Magie der Liebe
zu entflammen.

**von Markus Fels**

Träume nachts von Dir
und auch am Tage
dein Gesicht noch immer hier
berühren ich's kaum wage
das Gefühl ich nie verlier
auch wenn ich dran verzage
das du schenktes mir
bleibt doch göttliche Gabe

**von Markus Fels**

Atme den Duft deiner Haut
Deine Nähe so vertraut
Deine Wärme meine Sonne ist
Deinen Blick hab schon vermisst.
Beim Zwinkern Deiner Augen braun
Deine Hand lässt mich Vertrau'n
an den kleinsten Funken Glück
drängt das Dunkel weit zurück.

**von Markus Fels**

Du bringst mich zum Schweigen
wenn Wut aus mir schreit.
Du kannst mir Wege zeigen
wenn das Ziel zu weit.
Du versüßt meine bitteren Tage
wenn ich zu leicht aufgebe.
Du bist, was ich trage
wenn ich mit Dir schwebe.

von Alexis Poesie

## Himmelherzen

Sanft hallt deines Herzen Melodie
in meinem Herzen wider
erfüllt von Harmonie
sind unserer Sehnsucht Lieder.
Mein Herz beginnt zu singen
oh, wie unsere Herzen klingen.
Wir sind des Himmels Liebeslied
das durch alle Zeiten fliegt.

von Alexis Poesie

## Schutzengel

In Schicksals dunkelster Zeit
bist du Segen, mein Geleit.
Deine Flügel schüren ewig' Licht
umarmen, tragen, schützen mich
hauchen Küsse in mein Herz
heilen jeden Schmerz.
Immer wird mich der Himmel berühren
in Liebe zu Wundern führen.

**von Alexis Poesie**

**Engel der Hoffnung**

Ich werde das Licht sein
wenn alles in Dunkelheit liegt
lass sie für dich erstrahlen
dass jeder Fluch verfliegt.
Ich werde dich immer lieben
damit dich nichts besiegt.

**von Walter Zeis**

**Durch dich**

In der Liebe zu dir
schwingt mein Herz
in seinem Ton
wie die schwerste
von allen Glocken am Turm:
Du hast es
mit sanftem Schlag
zum Klingen gebracht.

**von Walter Zeis**

**Kontakt**

Gedanken
schwingen zwischen dir und mir:
taubehangene Silberfäden.
Tropfen fangen Licht
und werfen es
verspielt ins Herz mir.

**von Walter Zeis**

**Du sprichst**

Torkelnd, taumelnd, tanzend
kommt deine Stimme
auf mich zu:
Ein frisch geschlüpftes
Nachtpfauenauge.

**von Niko Soso**

Als ich dich zuerst sah
wusste direkt, wie mir geschah.
Ich traute meinen Augen kaum
kannte dich aus meinem Traum.
Du bist meine Traumfrau
real vor mir, nun Gedankenstau.
Du Vollkommenheit der Natur
logisches Denken ausgeschaltet.
Glück pur.

**von Claudia Döhler**

**Folge der Liebe**

Wenn die Liebe dich ruft
lasse dich leiten
höre ihr zu
sie wird dich begleiten.

Um den Ruf zu hören
werde erst mal still
die Liebe wird Dich führen
wohin die Liebe will.

**von Laura Bauer**

Alles was einst war
war so vergänglich.
Ich sehne mich nach Dir
Deine Gegenwart war so endlich.
Und jeden neuen Tag
hoffe ich mehr
dass es so wird
wie es einst war.

**von Rita Hess**

Über schmale Stege
durch verschlungene Wege
über Straßen so breit
das Ziel nicht weit
in deinen Armen liegen
und alle Zweifel entfliegen.

**von Shanice Perret**

Mit dir
bin ich
viel mehr
und weniger.
Wandelbar …

Ohne dich
bin ich
viel stärker
und schwächer
als ich jemals war.

**von Jonas Heinbockel**

**Nach dem Zwielicht**

Würde ich die Sonne
nicht verachten
kehrte ich zu dir zurück.
Doch du bist das Licht
welches meine Seele erhellt.
Gleichwohl, ich werde
weiter in den Schatten wandeln
denen ich mich verschrieben.

**von Jonas Heinbockel**

**Herzblut du hast mein Herz gestohlen**

Wir beide laben uns
an der Lebenskraft des anderen.
Trinken vom Blut.
Ein Strom, der sich verbindet
denn unsere Herzen sind eins.
Heiß pumpt es durch Adern
ein flüssiges Feuer
dass nie erlischt.

**von Andrea Krecklow**

Das Herz ist so schnell gebrochen
Vertrauen fällt unendlich schwer
man wagte schon nicht mehr zu hoffen
allein bleiben wohl das Beste wär.

Sich selbst zu schützen
das war ein guter Plan
doch er wollte nicht funktionieren
weil das Leben dazwischenkam …

Gedichte über Freundschaft

**von Anna Jürgens**

Du bist die Melodie
ich bin der passende Text.
Ein Lied, das von
Suchen und Finden
und von Halten erzählt.

**von Renate Wollschläger**

Ich werde getragen
sehe das Ziel.

Die Brücke des Lebens
gibt mir Halt so viel.

Meine Brücke sind Familie, Freunde
nicht zu vergessen meine Träume.

Ich gehe weiter in Dankbarkeit
solange da oben die Sonne scheint.

**von Barbara Ohl**

Gemeinsam Wege gehen
unbeirrt
durch zeitliches Gewirr.
Kein Weg ist eben
streiten und versöhnen
leben.

**von Niko Soso**

Freundschaft für immer
lange kein Kontakt gibt's nimmer.
Sechs Jahre waren wir getrennt
ewig Freundschaftsfeuer nun brennt.
Du bist wieder meine Beste
als Teil meiner wichtigsten Sieben
zum Erhalte würd mich verbiegen.

**von Claudia Döhler**

**Herzensfreund**

Nichts erwarten, sondern geben
beiderseitiges Bestreben
füreinander sind wir da
stützten uns so manches Jahr.

Keine Not konnte uns trennen
würd es Herzensfreundschaft nennen.
Sind seit Jahren nun verbunden
haben den Herzensfreund gefunden.

**von Rita Hess**

Echt und wahr
ist so wunderbar.
Zeit miteinander genießen
in vollen Zügen
Vergnügen.

**von** Shanice Perret

## Held

Ich glaube
ich sag es
viel zu selten,
doch du
bist einer
meiner persönlichen
Helden.

Gedichte über Hoffnung

**von Anna Jürgens**

Du bist gekommen
der Himmel hat sich aufgetan.
Freude in mir ist explodiert
fassungslos ein Wunder erlebt
und Staunen und Weinen
und ganz tiefe Dankbarkeit
und ein Wissen, eine Ahnung
was Leben alles sein kann.

**von Sarah Zareth**

**Du und ich.**

Dass der Tod – so meinen
sie – dein Ende gewesen ist.
MEHR
sehe ich – und mehr
als dass dich keiner vergisst
sondern das: dass DU das
Ende des Todes bist.

**von Renate Wollschläger**

Ich breite mutig meine Flügel aus
sehe die Perlen meines Lebens.
Ich traue mich, hinaufzuschwingen
nicht eine Erfahrung war vergebens.

**von Barbara Ohl**

Trägt manchmal schwer
auf den Stufen nach oben
doch sie ist das Kleid
das wir anziehen
wenn uns sonst nichts
geblieben ist.

**von Barbara Ohl**

## Geliebter Freund

In den Stürmen des Lebens
so oft schon aus
den Augen verloren
und doch würgt er dich
immer wieder aus
wie meinen alten Regenschirm
der nicht verloren geht.

**von Claudia Döhler**

## Wunder

Wunder geschehen
ihr werdet es sehen.
Ich spüre es schon
es kommt mein Lohn.
Halte mich bereit
für große Freud'.
Es ist Ende der Zeit
von Trauer und Leid.

**von Marina Sandmeier**

Sonnenschein. Ein neuer Tag.
Was er wohl bringen mag?
Verheißungsvoll das Leben winkt
ob es dich hierherbringt
zu mir hinauf?
Ganz ungeduldig steh ich auf
ich freu mich drauf!

**von Rita Hess**

Hoffnung lebt überall und in mir
denn nur so leben wir.
Wenn Hoffnung stirbt
nichts wird zurückerwirkt.
Hoffnung sieht Licht in der Dunkelheit
und heilt alle Wunden mit der Zeit.

**von Shanice Perret**

**Ohne Licht kein Schatten**

Tränen fließen still und leise
geh'n auf eine lange Reise
brennend heiß über mein Gesicht
werfen Schatten, löschen das Licht.

Doch das Blatt hat sich gewendet
ich hab die Dunkelheit beendet
und zünde nun die Kerze an
damit ich wieder sehen kann.

**von Jonas Heinbockel**

**Sätze ohne Gestalt**

Ich stehe in ihrer Nähe
spreche stumm mit ihr.
Mein Mund steht offen
als wollt er etwas sagen.
Doch kein Laut
dringt von meinen Lippen.
Sie verlässt den Ort –
Worte finden ihren Weg hinaus.

**von Andrea Krecklow**

Tränen laufen über Dein Gesicht
Du erträgst diesen Kummer nicht
und doch spürst Du es mit jedem Tropfen
hörst auf Deines Herzens Klopfen.
Auf einmal weißt Du es ganz genau
nach jedem Schauer wird der Himmel wieder blau.

**von Andrea Krecklow**

Liebevoll eingetaucht
in die Nacht
zärtlich von der Stille
berührt
fließen die Gedanken mit
den Sternen …
Sacht entschlummert und
die Träume vom
Mondschein bewacht …

## Verzeichnis:

Alexis Poesie // Künstlerseite Alexis Poesie auf Facebook

Andrea Krecklow //

Anna Jürgens //

Barbara Ohl // www.barbaraohl.com

Claudia Döhler //

Gaby Michels //

H. Götze-W. //

Holger Hertwig // auf Facebook: "Holger Hertwig - der letzte Expressionist"

Janine Weyer // Libri Melior, Michael Weyer (Lektorat) www.libri-melior-lektorat.de

Jonas Heinbockel //

Laura Bauer //

Marina Sandmeier //

Markus Fels // www.markusfels.de

Niko Soso //

Renate Wollschläger // auf Facebook Renate Engel

Rita Hess //

Sarah Zareth //

Shanice Perret //

Ulrike Ritter //

Vanessa Baumann // Nessi Baumann (Illustratorin) www.assaven.jimdo.com

Walter Zeis //

**FSC**

www.fsc.org

MIX

Papier aus ver-
antwortungsvollen
Quellen
Paper from
responsible sources

FSC® C105338